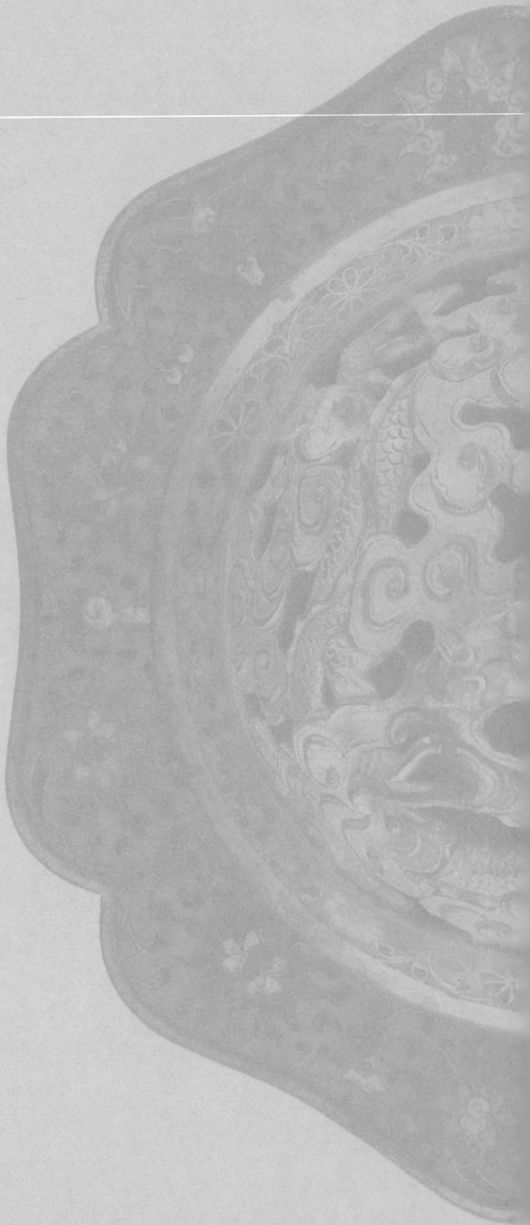

China · colours

Enamelware Collected in Liaoning Provincial Museum

华·彩

辽宁省博物馆藏珐琅器

都惜青　主编
Du Xiqing

辽宁省博物馆　编
Liaoning Provincial Museum

辽宁美术出版社
Liaoning Fine Arts Publishing House

图书编辑委员会

主　任

王筱雯

副主任

刘　宁　张　力　董宝厚　张桂莲

主　编

都惜青

文字撰写

都惜青

摄　影

沙楚清

前言

13世纪末至14世纪初，珐琅工艺经西亚阿拉伯地区传入中国。中国工匠在掌握这门技术之后，逐渐将中华民族传统文化风格融入其中。历经明清两代的发展，珐琅工艺逐渐成熟，取得辉煌成就，发展成为中国工艺美术史上一颗璀璨明珠。

珐琅器造型变化多姿，气度雍容华贵，色彩富丽堂皇，纹饰寓意吉祥，既能满足皇家贵族的审美需求，又能彰显帝王之家的富贵和威严，受到明清帝王的喜爱和重视。

珐琅器一度主要作为御前用器，由皇家御用作坊制作，除少量作为贵重礼物由皇帝赏赐给王公大臣或馈赠外国友人外，民间几乎无从觅得。清代晚期，宫廷因削减开支逐渐停造，大批御用工匠被遣散，民间才开始制作和使用珐琅器。

辽宁省博物馆此次甄选馆藏珐琅器精品，时代跨越元代至当代，从珐琅源流、造型特征、制作工艺以及装饰纹样等方面进行解读，带您走进珐琅的世界，了解中国珐琅器的前世今生。

目录

珐·琅

又称"佛菻""佛郎""拂郎""发蓝"，是一种复合矿物材料，由中国隋唐时古西域地名"拂菻"音译而来，其基本成分主要为石英、长石、硼砂、硝石、碳酸钠和各种呈色的金属氧化物等，与陶瓷釉、琉璃、玻璃（料）等同属硅酸盐类物质。

珐·琅·器

又称"金属胎珐琅器"，是以金属（多数为铜，少数为金银）为胎体，将经过粉碎研磨的珐琅釉料，涂施于金属制品的表面，经干燥、烧制所得的复合型工艺制品。根据制作方法和工艺特点，主要分为掐丝珐琅器、錾胎珐琅器和画珐琅器等三种。

珐琅釉料基本成分

石英

长石

硼砂

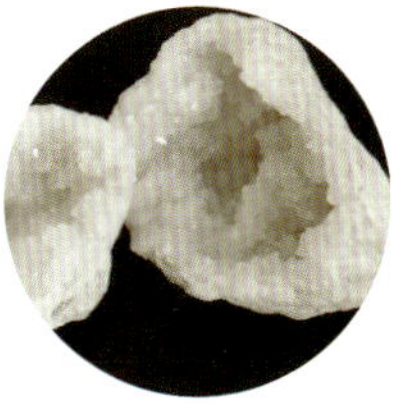
硝石

碳酸钠

金属氧化物

珐琅釉料部分样品

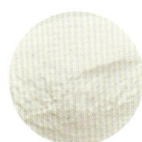

掐·丝·珐·琅

掐丝珐琅也称“铜胎掐丝珐琅”。其做法是把掐成各种图案的扁铜丝粘在画好纹样轮廓线的铜胎上，再点施各种颜色的珐琅釉料，入炉烘烧，反复点蓝、烧蓝多次后经磨光、镀金即成。元明时称“大食窑”“鬼国窑”或“鬼国嵌”。因其在明朝景泰年间盛行，工艺比较成熟，所用珐琅釉色多以蓝为主，故俗称“景泰蓝”。

关于中国掐丝珐琅工艺源于何时，史书中并无明确记载。多数研究者主张是在元代从阿拉伯地区传入我国，其基本依据就是“大食窑”。史料记载表明“大食”是宋元时期中国对西亚阿拉伯地区的称谓。

西南有大食，国自波斯传。

兹人最解宝，厥土善陶埏。

素瓶一二尺，金碧灿相鲜。

晶荧龙宫献，错落鬼斧镌。

粟纹起点缀，花檖蟠蜿蜒。

——元·吴莱《吴渊颖诗集·大食瓶》节选

大食窑，以铜作身，用药烧成五色花者，与**佛郎嵌**相似。尝见香炉、花瓶、合儿、盏子之类，但可妇人闺阁中用，非士夫文房清玩也。又谓之**鬼国窑**。

——明·曹昭《格古要论·古窑器论》

今云南人在京多作酒盏，俗呼曰**鬼国嵌**。内府作者，细润可爱。

——明·王佐《新增格古要论》

掐丝珐琅缠枝莲纹双耳炉

元代

铜胎

口径12厘米、底径9.1厘米、高7.4厘米

仿商周青铜簋造型，敞口，颈内敛，下腹外鼓，兽形双耳，圈足外撇。颈、腹部装饰掐丝珐琅彩色花卉图案，余皆素铜镀金。颈部为葡萄紫色珐琅釉地，饰一周梅花纹；腹部施浅蓝色珐琅釉为地，饰红、黄、紫、白、红、黄色六朵盛开的缠

枝莲，其花朵肥大，花瓣较疏，花蕊为仰覆莲形，其枝叶肥厚，展卷自由流畅。整体掐丝流畅，釉色鲜亮晶莹，色彩明快，透明感很强，釉料中可见未熔化的晶体颗粒，透明的绿色矿石尤为明显。

掐丝珐琅葡萄纹绳耳三足炉

明早期／

铜胎

腹径13.3厘米、高9.1厘米

仿商周青铜鬲造型，直口，束颈，宽平折沿上立双绳耳，浅裆三袋足。颈部一周以墨绿色珐琅釉为地，饰掐丝填红、黄、白三色如意纹；腹部施天蓝色釉为地，饰掐丝填五彩紫葡萄纹。纹饰布局疏朗，釉色明快鲜艳，雅致亮丽，制作较为精细。

此炉的主体为明代早期制作，口沿、绳耳及足套的铜质与色泽和主体不同，为清代后配，口沿边缘的“大明景泰年制”款亦为后刻。

掐丝珐琅鹤塘纹三足圆盘

明晚期／铜胎

口径27.7厘米、底径21.2厘米

圆形，通体施天蓝色釉为地，盘心饰鹤塘纹图案，以黑色珐琅釉表示塘水，塘中有荷花、仙鹤及鱼儿等，蓝色的天空中有两只仙鹤在飞翔。盘内壁及底部均饰掐丝珐琅缠枝菊花纹，外壁则饰掐丝珐琅缠枝莲纹。

此盘珐琅釉色光泽较弱，但色彩鲜明，尤其是红、白、黄色在蓝、黑色地子的反衬下，更加醒目，其掐丝细密，图案繁复，反映出当时掐丝工艺已经非常娴熟流畅。

掐丝珐琅龙凤纹钫

明代

铜胎

口径14.3厘米、腹径22厘米、底径16.9厘米、高37.3厘米

仿古青铜钫造型，方口，束颈，鼓腹，高圈足外撇，肩部两侧装饰一对兽面衔环铺首，口沿、足沿及壶身四条棱皆露胎镀金。通体以浅蓝色珐琅釉为地，并以红、黄、宝蓝、绿等色填绘图案。颈部饰一周蕉叶纹，肩部饰夔龙纹。腹部前后于五彩祥云间各装饰一正龙纹，左右各装饰一飞凤纹。圈足四面绘天马、寿山福海、祥云等吉祥纹饰，天马踏浪飞驰，风火缭绕周身，宛然入仙，极富动感。

钫即方壶，古代盛酒器皿。战国晚期以前称之为壶，西汉时始自名为钫。

辉煌

进入清代，因康、雍、乾三朝皇帝的喜好和宫廷需求，珐琅工艺蓬勃发展。康熙十九年（1680），清内廷设立『珐琅作』，以专门承造宫内御用珐琅用品。康熙三十年（1691），画珐琅在宫内试制成功。雍正时期很少制造掐丝珐琅，但画珐琅工艺却更加成熟，出现以黑色珐琅作器表地色的独特作品。乾隆时期掐丝珐琅、画珐琅、錾胎珐琅器工艺全面发展并达到巅峰。珐琅器在皇家日常使用广泛，大到宫廷典制用器，小到日常生活、文房用具和陈设用器等，无所不备，产地主要有宫廷造办处珐琅作和广州、扬州等处。

掐丝珐琅缠枝莲纹熏炉

清早期

铜胎

腹径17.1厘米、高24厘米

筒形，由盖和身两部分组成。炉盖分为盖、屉两层，盖顶为镂空镀金的盘龙，龙首为纽，屉为镂空镀金的夔凤纹，上下边缘饰掐丝珐琅缠枝菊花纹；炉身出花瓣形折边，折边及炉身外壁饰各色缠枝莲纹，莲纹花瓣尖细，花蕊分为两层，中心花蕊呈上下相背的桃形；三象首足饰珐琅璎珞纹。

此炉通体施天蓝色珐琅釉为地，掐丝精细，镀金光亮，纹饰富丽华贵，彰显皇室高贵气韵。

掐丝珐琅缠枝莲纹壶

清康熙
铜胎
口径14.4厘米、腹径25.2厘米、底径17.5厘米、高33.7厘米

仿青铜壶造型，敞口，鼓腹，高圈足，肩部两侧有一对铜镀金双兽首衔环耳。通体施浅蓝色珐琅釉为地，由铜镀金双线弦纹将壶身纹饰分为五层，除腹下满饰掐丝勾云纹外，其余四层均饰彩釉缠枝莲花纹。

腹部为红、豆绿、蓝、红、黄、白色大朵缠枝莲花六朵，弦纹间饰折枝五瓣形小朵花纹。整体釉色鲜艳，掐丝细腻，纹饰流畅活泼。

掐丝珐琅缠枝莲纹壶

清代

铜胎

口径10.8厘米、腹径20.8厘米、底径14厘米、高29.3厘米

仿青铜壶造型，敞口，鼓腹，高圈足，肩部两侧有一对掐丝珐琅双兽首衔环耳。通体施浅蓝色珐琅釉为地，由铜镀金双线弦纹将壶身纹饰分为五层，除第二层饰蓝、绿色葡萄纹，第四层腹下满

饰掐丝勾云纹外，其余三层均饰彩釉缠枝莲花纹。其中，腹部为六大朵缠枝莲纹，弦纹间饰折枝五瓣形小朵花纹。

掐丝珐琅缠枝莲纹梅瓶

清康熙／

铜胎

口径4.6厘米、高29.1厘米

小圆口，短直颈，丰肩，瘦腹，足外撇。通体掐丝施浅蓝色珐琅釉为地，饰各色珐琅花卉纹。颈部饰小朵梅花，肩部饰如意云纹，肩下及腹部饰三周缠枝莲纹，上两周为六朵，下一周为四朵，

施红、白、蓝、黄、绿五色珐琅釉，足壁饰一周莲瓣纹，足内镀金。此瓶体态大方，掐丝线条秀丽流畅，釉料色彩明快典雅。

掐丝珐琅莲花座八宝之宝瓶

清康熙

铜胎

口径4.8厘米、莲台径15.8厘米、底径18.8厘米、高48.9厘米

清宫佛堂供器八宝之一，由底座、支柱、莲台、宝瓶四部分组成。圆形束腰莲花底座上为四片绿叶形支柱，支柱承托粉红色莲花和绿色莲蓬，顶部为掐丝珐琅白地蓝色花卉宝瓶，铜镀金飘带，瓶盖缺失。

八宝又称“八吉祥”，为藏传佛教中的八件法器，由法轮、法螺、宝伞、宝盖、莲花、宝瓶、双鱼、盘长组成，象征吉祥、幸福、圆满。

掐丝珐琅兽面纹盖豆

清乾隆／

铜胎

口径6.8厘米、高16厘米

仿商周青铜豆造型，子母口，有盖，高足。器身通体施深蓝色珐琅釉为地，填饰黑、绿、紫、蓝、红、黄、白色釉料。豆盖和盘上饰兽面纹，口沿饰如意云纹，喇叭口圈足上装饰“寿”字图案。此器胎体厚重，小巧别致，掐丝规整，色彩绚丽，古色古香。

掐丝珐琅兽面纹直耳鼎

清乾隆
铜胎
口径22厘米、腹径21.6厘米、高29.4厘米

仿商周青铜鼎造型，圆腹，双立耳，下呈三柱足。通体以浅蓝色釉为地，口沿及双立耳侧面錾刻回字纹，双耳内外面皆为兽面纹，上腹部铸有九个凸起的圆形装饰，其间装饰蓝色和绿色对称

的兽面纹；下腹部和三足皆以黑色珐琅釉竖线分割，装饰兽面纹和中间带小团花的龟背纹。此器庄重大气，古意十足。

掐丝珐琅饕餮纹出戟方觚

清代中期

铜胎

口径16.4厘米、底径10.2厘米、高33.5厘米

仿商周青铜方觚造型，铜胎镀金，四方体，粗颈，四方弧腹，口及底外撇，从口沿至足边，八方出戟，口边及戟线宽厚。四面纹饰相同，对称分布。通体采用掐丝珐琅工艺，以蓝釉为地，装饰红、黑、绿、宝蓝釉纹饰。腹部饰饕餮纹，颈部和圈足分别饰蕉叶纹、夔龙纹和回字纹，口内饰缠枝莲纹。此觚纹饰层次分明，繁密工细，造型浑厚凝重。

青铜觚是盛行于商代和西周早期的酒器，常与爵配套使用，发展到后期，除作为祭祀用的礼器外，还成为平日里案头的陈设器。觚有圆觚和方觚两种，器体分上、中、下三段，上为大喇叭形口，中为鼓腹，下为圈足。颈、腹、足四周各饰一凸起扉棱，名曰“出戟”。

掐丝珐琅勾莲纹出戟方觚

清乾隆

铜胎

口径28.8厘米、腹径18.5厘米、底径21.9厘米、高63.6厘米

仿商周青铜方觚造型，方形，敞口，呈喇叭状，器身细长，腰腹方鼓，底部外撇，八方出戟镀金。口沿錾刻回字纹，器身饰勾莲纹、夔纹、蕉叶纹等多种纹样。器形高大，硬朗峻立，气势十足，折射出当时崇尚古风、嗜赏古器的风潮。

掐丝珐琅缠枝莲纹百环觚

清代

铜胎

口径18.4厘米、底径11.8厘米、高30.8厘米

仿商周青铜圆觚造型，喇叭形大撇口，腹部圆鼓，高圈足外撇。通体内外壁采用掐丝珐琅工艺，以蓝色珐琅釉为地，饰蕉叶纹、各色缠枝莲纹等，口沿和底沿饰回字纹。自上而下饰圆形镀金套环十一层，共计上百枚。此件百环觚，风格造型让人过目难忘。

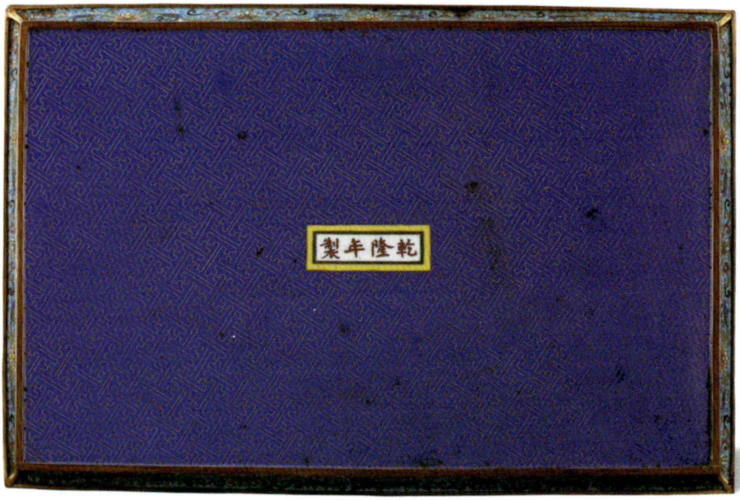
乾隆年製

掐丝珐琅八骏图长方盘

清乾隆

铜胎

长36.5厘米、宽24.2厘米

长方形，通体掐丝施彩色珐琅釉。盘心施宝蓝色珐琅釉为地，饰八骏图，在一棵粗壮且枝叶繁茂的柳树下有八匹色彩、神态各异的骏马，其中六匹在左侧草地上，一匹在水中，另一匹在对岸。盘壁内外施天蓝色珐琅釉为地，饰缠枝莲纹。盘底饰宝蓝色“卍”字锦地纹，中央矩形黄、绿釉双框内为白地红色“乾隆年制”四字楷书款。此盘色彩雅丽，颇具郎世宁绘画风格。

郎世宁，意大利传教士兼画家，清康、雍、乾时期在宫廷画院供职，画法参酌中西，善写生，尤工画马，如《百骏图》《名马图》至今闻名世界。

掐丝珐琅万寿无疆盘

清乾隆／铜胎

口径17厘米、高4.9厘米

圆形、敞口、浅腹、圈足。内壁光素镀金。外壁上下边缘分别錾刻一周夔龙纹和莲瓣纹，并填绿色珐琅釉，腹部有四个圆形开光，内填宝蓝色釉为地，依次錾阳文篆书“万寿无疆”四字，开光以外的部分施浅蓝色釉为地，饰掐丝珐琅勾莲纹。圈足内外镀金，底部中心双方框内錾阴文“子孙永宝”篆书款。整体采用掐丝和錾胎两种工艺，碗胎体厚重，做工精良。

掐丝珐琅万寿无疆碗

清乾隆

铜胎

口径15.4厘米、底径9.7厘米、高7厘米

圆形、敞口、深腹、圈足。内壁光素镀金。外壁口沿饰一周变体夔龙纹，腹部有四个圆形开光，其内填宝蓝色釉为地，分别錾阳文篆书“万寿无疆”四字，开光以外的部分施浅蓝色釉为地，饰掐丝珐琅勾莲纹四组，腹部下边缘錾刻一周莲瓣纹。圈足内外镀金，底部中心錾刻篆书“子孙永宝”款。整体采用掐丝和錾胎两种工艺，胎体厚重，纹饰艳丽，镀金明亮，造型端庄。

掐丝珐琅狮纹将军罐

清代

铜胎

口径8.8厘米、高19.8厘米

两件一对，形制相同。直口、丰肩、敛腹、足外撇，上附宝珠顶高圆盖。通体掐丝施黑色珐琅釉为地，盖饰蝙蝠、如意云纹和莲花，罐口一周饰蕉叶纹，腹部饰狮子戏绣球纹，一面为绿狮子口咬绣球，背上趴着一只黄色小狮子，另一面为黄狮子双前足踩绣球，狮子周围饰彩色祥云纹。

将军罐，因其盖颇似将军的头盔，故而得名。这类罐始见于明嘉靖年间，至清顺治年间基本定型，各时期其形略有不同。

掐丝珐琅荷塘群鸟纹缸

清代

铜胎

口径21.2厘米、底径18.1厘米、高20.2厘米

圆筒形，腹部微鼓，器口和底沿饰绳纹，底承五蝙蝠形足，皆镀金。缸内及外底施深蓝色珐琅釉，外壁周身以掐丝珐琅工艺饰通景式图案，上部施淡蓝色表示天空，上有彩云、飞翔的丹顶鹤和蝙蝠；下部施淡绿色表示塘水，中有荷花、荷叶、芦苇、鹭鸶和鸳鸯等。此器蓝色浅淡，用珐琅釉进行晕染的技法也更加成熟，符合清代中后期掐丝珐琅的特点。

掐丝珐琅荷塘群鸟纹缸

清代

铜胎

口径20.2厘米、高22厘米

掐丝珐琅勾莲纹花盆

清代
铜胎
长14.3厘米、宽11厘米、
高7.2厘米

花盆呈长方形，宽平折沿，上饰小朵花卉纹，一件内壁施蓝色珐琅釉，一件内壁未施釉，外壁及底皆以蓝色珐琅釉为地，盆身四面饰勾莲纹，下承长方形圈足，露胎处镀金。

掐丝珐琅开光花卉纹海棠形瓶

清乾隆

铜胎

口径9.6×7.9厘米、9.7×7.9厘米、

腹径15.3×12.1厘米、15.4×12.2厘米

底径10×8.3厘米、10×8.2厘米、

高29.7厘米、29.6厘米

两件一对，形制相同。撇口，束颈，溜肩，扁鼓腹，撇足。瓶体截面呈海棠形，通体掐丝施宝蓝色珐琅釉为地，饰如意云纹、勾莲纹、蕉叶纹，腹部四个桃形开光内施白色珐琅釉为地，正背面饰花卉纹，两侧饰花蝶纹。口足部均镀金。此瓶做工精细、釉面光洁、色彩浓艳、纹饰繁复，富于观赏性。

开光一般是指在瓷器的某些部分画出边框，并在边框中画以山水、人物、花卉等图案，起到装饰的效果。

掐丝珐琅桃蝠纹双耳瓶

清代

铜胎

口径5.9厘米、高15.9厘米

圆口，直颈，溜肩，鼓腹。颈两侧附桃形耳，口足外镀金。通体施白色珐琅釉为地，掐丝“卍”字锦。口沿下饰如意云头纹，颈和腹部饰桃蝠纹，足壁饰一周灵芝纹。此瓶掐丝规整，纹饰吉祥，色彩淡雅和谐。

掐丝珐琅勾莲纹葫芦瓶

清代／铜胎

高11.3厘米

葫芦形，通体施蓝色珐琅釉为地，掐丝珐琅勾莲纹。露胎处镀金。口和底中心皆有一方孔，应为某件器物上的配件。

葫芦形状似“吉”字，有大吉大利之意；葫芦谐音“福禄”，常用于祈福，祈求富贵绵延；葫芦多籽，且枝“蔓”与“万”谐音，象征子孙万代、多子多福。

掐丝珐琅牡丹纹宝月瓶

清代
铜胎
口径7.9厘米、高37.6厘米

蒜头口，溜肩，腹部扁圆，颈肩两侧镶镀金双龙耳，圈足外撇，瓶底缺失。通体施蓝色珐琅釉为地，满饰山石牡丹花纹，牡丹花大而艳丽，枝叶繁茂，隐约露地。此瓶掐丝流畅，构图疏密有致，各色搭配和谐。

宝月瓶，亦称抱月瓶、扁瓶、扁壶，为中国传统名瓷之一。此类瓶因其颈部至肩部置有双耳，腹似圆月，故得“宝月”之雅誉。

五供由一香炉、两烛台、两花觚组成，是祭祀时陈设在佛像或灵台前的供器。此五供皆为圆形，采用掐丝珐琅工艺，通体施蓝色珐琅釉为地，主体纹饰为勾莲纹，辅以回纹、如意云纹、蕉叶纹等，以红、黄、绿、粉、宝蓝、白、黑色等珐琅釉填充纹饰。

炉纽为镀金盘龙，盖面饰镂空镀金云蝠纹，炉身盘口束颈，肩两侧出朝冠耳，鼓腹，三个兽吞足；烛台由扦头、长柄、双托盘和喇叭形圈足组成；花觚由大喇叭口，长圆腹，喇叭形圈足组成。

掐丝珐琅勾莲纹五供

清代

铜胎

炉口径21厘米、通高64厘米；

烛台高52厘米；

花觚口径23.5厘米、高46.5厘米

錾·胎·珐·琅

又称内填珐琅、嵌胎珐琅。其做法是按照画样，在金属胎上用錾刻、范铸、捶揲或者腐蚀等技术做出纹饰或图案，在凹处填充彩色珐琅料，经烧结、磨光、镀金而成，犹如宝石镶嵌。其图案线条粗犷，具有庄重醇厚的艺术效果。錾胎珐琅起源于公元前2000年前的古埃及，后传至欧洲，元代由欧洲传入中国。元明时期亦称“拂郎嵌”。

錾胎珐琅石榴纹花盆

清代

铜胎

口径22×28.5厘米、高17厘米

椭圆形，折沿，深腹，平底。花盆采用錾胎工艺制作，外壁口沿饰一周回字纹，内填宝蓝色珐琅釉，腹部以湖蓝色珐琅釉为地，上饰硕果累累的石榴树，巧用石榴枝作盆底四足。盆内及外底光素镀金，盆底中间有四个两两相对的圆形排水孔。

腹部石榴树纹饰具有浮雕效果，褐色的树枝，绿色的叶子，粉红色的花朵，绿色、浅黄色、红色渐变的果实，其中一个石榴还剥开一角，露出白里透红的石榴籽，十分形象逼真，具有“多子多福”的美好寓意。

錾胎珐琅嵌玉葫芦瓶

清乾隆／铜胎

口径7.9厘米、高73厘米

瓶为葫芦形，盖钮为枝藤状。通体以錾胎工艺制成葫芦花、叶、藤蔓及小葫芦形状，大小叶片内分别填绿、黄绿、蓝色等珐琅釉，使花叶阴阳向背、新叶枯脉清晰可辨，嵌饰大小不同的青白玉小葫芦和五瓣红珊瑚葫芦花若干个。圈足外壁錾一周回纹，内填宝蓝色珐琅釉；足内中心双方框内錾阳文“大清乾隆年制”篆书款。露胎处皆镀金。此器造型独特，工艺精湛，线条粗犷流畅，颜色搭配和谐。

錾胎珐琅嵌玉葫芦瓶

清乾隆
铜胎
底径20.5厘米、高66.7厘米

錾胎珐琅丹凤纹龙耳瓶

清代

铜胎

口径9厘米、高20.9厘米

瓶口外撇，短颈，溜肩，腹部下收，圈足外撇。通体采用錾胎工艺，四道凸弦纹把纹饰分为五周，满饰锦地纹。颈部及下腹部饰一周莲叶纹、缠枝莲纹，上腹部饰丹凤纹，并填红、绿、白、宝蓝色珐琅釉。肩部镶嵌龙耳，露胎处镀金。外底中心铸阳文“光素”二字篆书款。

錾胎珐琅缠枝花卉纹龙耳壶

清代

铜胎

口径12.95厘米、腹径19.2厘米、底径13.3厘米、高30.3厘米

仿青铜壶造型，盘口，长颈，鼓腹，圈足外撇，颈部附双龙首耳。通体采用錾胎工艺，七条弦纹分割成八周纹饰，第一、二、四、七周露胎，满錾夔凤纹，其中第四周上又装饰兽面纹，第三、

五、六、八周内填蓝色珐琅釉为地，饰缠枝莲纹、缠枝牡丹纹、窃曲纹和莲瓣纹。此壶胎体厚重，做工精致。

錾胎珐琅缠枝莲纹罍

清代／铜胎

口径12.7厘米、高19厘米

仿青铜罍造型，圆形，侈口，短颈，丰肩，鼓腹，圈足，肩部一对兽首衔环耳。通体錾胎工艺，四道弦纹分割成五周纹饰带，第一、三、五周錾刻回字纹，第二和第四周填蓝地珐琅釉，分别饰缠枝花卉纹和缠枝莲纹。露胎处皆镀金。

罍是流行于商代晚期至春秋中期的青铜盛酒器和礼器，有圆形和方形两种。

画·珐·琅

俗称“洋瓷”，其做法是先把单色珐琅直接涂施在金属胎上并烧结，然后根据设计图案的色彩，用珐琅描出纹样图案，再经多次反复高温烧制，最后磨光、镀金即可完成。画珐琅源于西欧的佛兰德斯地区（比利时、法国、荷兰三国的交界），清初由广州等通商口岸传入中国。康熙三十年（1691）在宫中试烧成功，康熙末年画珐琅技术进入成熟阶段。

画珐琅缠枝牡丹纹双联盖盒

清雍正

铜胎

口径8.3×4.45厘米、底径8.8×4.95厘米、高3.9厘米

盒形似双圆相交，盖与身以子母口相扣合。盖顶及盒身施明黄色珐琅釉为地，周围以粉、蓝、白、绿等色料绘八朵盛开的牡丹花，其间枝叶缠绕，争奇斗艳。盒内施天蓝色釉，外底圈足内施白釉地，并由青料绘首尾对称的两条C形螭龙，内书红色“雍正年制”楷书双行款。

此盒造型新颖，釉色鲜艳明快，绘画精工细致，给人雍容华贵、仪态万千的视觉感受，为雍正时期铜胎画珐琅器精品。

雍正年製

画珐琅花鸟纹鼻烟壶

清乾隆

铜胎

腹宽4.25厘米、高4.9厘米

圆口，短颈，扁圆鼓腹，椭圆形圈足。口部、足部镀金。颈部绘粉红色地卷草纹，腹部白釉地，上绘玉兰、牡丹、鸟、蝴蝶、玲珑石，笔法工致细腻。底部书蓝色“乾隆年制”楷书双行款。

画珐琅云龙八宝纹面盆

清乾隆／
铜胎
口径43.5厘米、高12.5厘米

圆形，折边，口沿镀金，腹微鼓，足底平。通体采用画珐琅工艺装饰，除折边背面及盆底白素无纹外，盆内外均以宝蓝色珐琅釉为地，内底为一条黄色的五爪龙穿行于祥云间，周围环绕一周折枝花纹。盆腹内壁用金绘八宝纹，八宝之间饰以缠枝莲纹，该组图案上亦绘一周折枝花纹。折边正面和盆腹外壁均绘西番莲纹。

整件器物蓝绿为主，釉色艳丽，胎体较薄，属于“广珐琅”。

广珐琅，即广州制作的珐琅器之简称。在清代，广珐琅虽属官制品范畴，但与宫廷制作的珐琅器相比，胎体较薄，珐琅釉色较浓艳，多用开光法进行装饰也是其特点之一。

画珐琅描金花卉纹盘

清乾隆 ╱

铜胎

口径21厘米、底径13.5厘米、高2.7厘米

圆形，浅腹，圈足，平底。盘内及外壁施宝蓝色珐琅釉为地，以金彩依次描绘芒纹、联珠纹、如意云肩纹、缠枝莲纹。外底白色釉，中心书蓝色“乾隆年制”四字双行篆书款。口沿及圈足边缘镀金。此盘釉色深沉，纹饰精致，显得高贵而典雅。

画珐琅三马图插屏心

清代

铜胎

长22.7厘米、宽16.6厘米

长方形，白色珐琅地，上彩绘三马图，画面背景为山石枯树，茂密的松树，草地上三匹马在嬉戏，形态各异，左侧空白处为黑釉楷书“乾隆御制”四字及红色方印。红色珐琅回字纹边框外为一周蓝色边框。

画珐琅桃蝠纹桃形碟

清代

铜胎

口径11.4厘米、宽10.65厘米、高1.85厘米

桃形，以花叶为柄，内外施由绿到红的渐变釉色，内绘桃蝠纹，桃子两个，红蓝蝙蝠各一只，底有三足，边缘镀金。此器造型栩栩如生，构图简洁，色泽鲜艳且和谐。

桃俗称仙桃、寿桃，凡祝寿离不开桃；蝠，谐音福，福气的意思。多只蝙蝠与桃形成的图纹表示多福多寿、福寿双全，属于动物与植物组合的传统纹样。

画珐琅云龙纹海棠形碟

清代／铜胎

长12厘米、宽10厘米

海棠形，碟内从中心依次向外彩绘白地团寿纹、粉地云龙纹、蓝地莲纹及黄地花卉纹等。外壁为胭脂红。足内为白地，正中红色八边方框内书“一乐”篆书款，露胎处镀金。此碟精致小巧，装饰性极强。

乾隆年製

画珐琅开光洋人印泥盒

清代

铜胎

口径4.55厘米、底径3厘米、高2.8厘米

扁圆形，盖与身子母口相合，通体白色地，盖面圆形开光内绘西洋人物图，盒身有三个扇形相间的开光，内绘山水人物图，盒底以红色釉书“乾隆年制”四字楷书款。

画珐琅开光西洋母子图怀表

清代／铜胎

直径5.9厘米、通高7.55厘米

1967年出土于辽宁省喀喇沁左翼蒙古族自治县清代丹巴多尔济墓。圆形，铜镀金，白表盘大半残碎，三针脱落，仅可见几个罗马数字和单独的秒针盘，表环和钥匙不存。怀表可以开合，内部有锈蚀；背面饰画珐琅西洋母子及白鸽、绵羊等，画面外装饰蓝地金、绿、红卷草纹。怀表画面艳丽细腻，做工精致，可能为法国制造。

丹巴多尔济为清代乾隆、嘉庆时期的蒙古族王爷，供职于宫廷。嘉庆八年（1803）因舍身“护驾”立功。生前备受恩眷，死葬也逾常规。其墓出土随葬品43件，其中有两块珐琅怀表和一件掐丝珐琅鼻烟壶。

掐丝珐琅花卉纹鼻烟壶

清代

铜胎

腹径2.7厘米、高3.9厘米

丹巴多尔济墓出土。器体小巧，通体施蓝色釉为地，上饰彩色花卉纹。壶体上部锈蚀严重，镀金、珐琅釉多处脱落。

画珐琅花卉纹怀表

清代

铜胎

直径5.6厘米、通高7.15厘米

丹巴多尔济墓出土。圆形，白表盘，周围嵌小珍珠边。怀表背面为蓝色珐琅花卉图案，周缘皆嵌珠宝。

画珐琅人物纹扇形攒盘

清代

铜胎

长15.5厘米、宽11.1厘米

五件皆扇形。盘内以白色珐琅釉为地，彩绘中国古代人物故事图案；盘底有四足，湖蓝色地上绘菊花一朵。此套攒盘不全，缺失一部分组件。

攒盘，又称“拼盘”“全盘”。“攒”在《说文解字》中释为“聚也”。攒盘是由多个盘子相攒组合而成的整体，既可分开独立使用，也可组合成套使用。

衰落

清末民国时期，珐琅器的生产开始衰落，整体制作水平不及前代。咸丰之后，珐琅器受到西方人的青睐，刺激了民间作坊的生产，逐渐发展为外销出口的重要工艺品。随着外销的增多，中国珐琅器在海外享有很高的声誉。较有名的私营商号有老天利、德兴成、静远堂、志远堂等，官营机构有『印铸局勋章制造所』，其中老天利、德兴成制作的珐琅器做工较细，质量较好。

掐丝珐琅兽面纹出戟方罍

清代
铜胎
高27.9厘米

仿青铜方罍造型，四角出戟。通体掐丝回字纹为地，填五彩兽面纹，镀金脱落。

掐丝珐琅缠枝莲纹钵

清代

铜胎

口径24.6厘米、高15.5厘米

敞口，圆腹下部内收，平底。通体施蓝色珐琅釉为地，腹部饰红、黄、蓝、白四色六朵缠枝莲纹。钵内及口沿和外底镀金，外底有一长方形框，墨书“□□记”。

掐丝珐琅勾莲纹双耳三足炉

清代

铜胎

口径10.2厘米、高16.5厘米

圆腹，双立耳，腹部出四戟，三兽足，上附镂空钱纹圆盖，盖纽錾莲瓣纹。通体掐丝施蓝色珐琅釉为地，饰勾莲纹、花卉纹、兽面纹。炉盖近口沿处及炉身腹部各饰一周宝蓝色回纹。露胎处皆镀金。

掐丝珐琅勾莲纹薰炉

清代／铜胎

口径9.6厘米、高23.8厘米

盘口，束颈，圆鼓腹，双兽衔环耳，三兽足，镂空高盖，狮形兽纽。通体施黄色珐琅釉为地，饰掐丝勾莲纹、如意云纹、花卉纹等。炉口錾回纹，填深蓝色釉。露胎处皆镀金。

景泰年製
子

掐丝珐琅海马纹钵

清代／铜胎

口径23.7厘米、高18厘米

敞口，圆腹，下承高足。通体掐丝施蓝色珐琅釉为地，口沿下饰彩色如意云纹，腹部饰颜色各异的祥云纹及八匹飞马，足部为起伏不断的海浪纹。外底中心深蓝色方框内为白地红色“景泰年制”四字伪款，下有一“子”字，方款之外为一周花卉纹。

掐丝珐琅勾莲纹兽耳三足熏炉

清代／铜胎

口径12.5厘米、高33.9厘米

圆鼓腹，两个兽衔环耳，三个兽吞足。盖上有三组镂空的蝙蝠纹，纽为一镂空的云龙。口沿一周錾刻回纹。通体施浅蓝色釉为地，饰掐丝珐琅勾莲纹。

掐丝珐琅云龙戏珠纹碟

清末

铜胎

口径8.1厘米、高2.3厘米

圆形，浅腹，圈足。通体施浅蓝色珐琅釉为地，盘心一圈联珠纹围成的圆形开光内饰云龙戏珠纹，外饰双云龙戏珠纹，口沿一圈饰莲瓣纹，外壁饰勾莲纹，圈足壁饰联珠纹。

掐丝珐琅各色花卉纹圆珠

清代

铜胎

直径2.1厘米

画珐琅牡丹纹海棠形花盆

清末

铜胎

口径15.3×11.2厘米、底径10.3×6.9厘米、高5.9厘米

海棠式，折沿，四足。口沿上面及盆身施宝蓝色珐琅釉为地，绘“卍”字锦地纹、牡丹等花卉纹。口沿侧面及底足施绿色珐琅釉为地，绘回字纹。内里光素施粉釉，外底施白釉。

掐丝珐琅空地勾莲纹水壶

清末

铜胎

腹径14.9厘米、底径9.8厘米、高27.7厘米

敞口短流，长颈，鼓腹，圈足。通体空地未施釉，口沿下饰如意云纹，身饰勾莲纹，外底中心矩形框内阴刻“大清乾隆年制”三行六字楷书仿款。口内、口沿及外底镀金。此类壶造型独特，一般都镶嵌龙形执柄，现已缺失。

大清乾隆年製

老天利製

老天利製

掐丝珐琅花卉纹双耳瓶

清末

铜胎

口径13.2厘米、腹径21.2厘米、高47.9厘米

两件一对，形制相同。盘口，长颈，溜肩，长腹，圈足，平底。通体掐丝施宝蓝色珐琅釉为地，颈肩部饰如意云纹、勾莲纹及蕉叶纹，两侧有对称的鱼耳；腹部以“卍”字纹作锦，饰花卉、蝶雀及莲瓣纹；圈足一周饰花卉纹；底部中央刻“老天利制”方形款。

老天利为清末至民国期间，北京地区最有名气的专营掐丝珐琅的私人商号和店堂。老天利制品以仿古器著名，其底部均印有“老天利制”铭款。

掐丝珐琅花卉纹瓶

中华民国／铜胎

口径5.3厘米、高35.1厘米

两件一对，形制相同。小圆口，长颈，溜肩，腹部下收，圈足，平底。通体施宝蓝色珐琅釉为地，口沿下饰浅蓝色如意云纹，余皆饰锦地蔓草花卉纹。口沿及圈足等露胎处镀金。

掐丝兼画珐琅开光山水人物图双耳瓶

中华民国

银胎

口径8.5厘米、腹径12.5厘米、高24.4厘米

玉壶春形，撇口，细颈，圆腹，圈足外撇。颈部附两个对称的绿色S形耳，瓶身通体施黄色珐琅釉为地，饰如意云纹、花卉纹、蕉叶纹等。腹部前后双开光内采用画珐琅工艺，施白色珐琅为

地，绘山水及人物图。外底中心锤制阳文款识，从上至下依次为“东安市场”、梅花形“北京志成楼”押记、“足纹”。

掐丝珐琅空地勾莲纹瓶

中华民国

铜胎

口径7.9厘米、腹径9.6厘米、高23.6厘米

两件一对，形制相同。撇口，束颈，折肩，深腹，高圈足外撇。颈部和腹部空地未施釉，主体纹饰为勾莲纹，辅助纹饰有如意云纹、蕉叶纹。足壁为宝蓝色地，饰鱼鳞纹、联珠纹。露胎处皆镀金。

画珐琅冰梅纹杯碟

中华民国／

铜胎

杯口径5.8厘米、高3.5厘米、

碟口径10.5厘米

一组六件套。杯外壁和碟内壁以宝蓝色珐琅釉及金彩描绘冰片纹为地，其上饰梅花和竹叶。杯内及碟底施浅绿釉，杯底为白色釉。杯碟边缘镀金。

掐丝珐琅博古纹盖碗

中华民国／铜胎

口径10.6厘米、高8.3厘米

茶具，由碗和盖组成。侈口，斜腹，圈足，覆浅盏式盖。通体掐丝施蓝色珐琅釉为地，碗与盖主体纹饰皆为博古纹。

博古纹，由宋《宣和博古图》一书而得名。后来，“博古”的含义被加以引申，凡鼎、尊、彝、瓷瓶、玉件、书画、盆景等被用作装饰题材时，均称“博古”，寓意清雅高洁。

掐丝珐琅花卉纹套盒

中华民国／铜胎

口径7.9厘米、高10厘米

圆形，圈足外撇。盒分三层，第一层为盖，下面两层为盒。盒表面以浅蓝色釉为地，饰“卍”字纹及各色牡丹等花卉纹图案，内里和底部为深蓝色釉，边缘露胎镀金。

掐丝珐琅牡丹纹粉盒

中华民国

铜胎

口径6.9厘米、高4.7厘米

圆形，圈足。盖与身子母口相扣合，中间有一镂空钱纹隔层，通体以浅蓝色釉为地，表面饰“卍”字锦地纹及各色牡丹等花卉纹图案，盒身内为深蓝色釉，边缘露胎镀金。

扁长八边形，通体以装饰水波纹的黄色珐琅釉为地，正面画洋人歌舞图，周围錾刻一周卷草纹，按纽处镶嵌蓝色宝石，正上方为金属编织的链条，内有玻璃镜及带盖分格，一侧放粉扑，一侧放粉。外国制。

画珐琅西洋人物粉盒

中华民国

铜胎

宽5.1厘米、厚1.6厘米、高10.5厘米

掐丝珐琅博古纹盆

中华民国

铜胎

口径16.1厘米、底径8.7厘米、高7.2厘米

圆口，宽折沿。盆外施浅蓝色釉为地，平沿饰暗八仙纹，腹部“卍”字锦地纹上饰博古纹，内里施深蓝色釉，边缘露胎镀金。

暗八仙，即中国民间传说中道教八仙所持的八件法器，分别为铁拐李的“葫芦”，吕洞宾的“宝剑”，何仙姑的“荷花”，曹国舅的“阴阳板”，张果老的“渔鼓”，韩湘子的“笛子”，蓝采和的“花篮”，汉钟离的“扇子”。因以法器暗指仙人，故称“暗八仙”。

掐丝珐琅花蝶纹将军罐

中华民国

铜胎

口径7.8厘米、高23厘米

直口，短颈，丰肩，鼓腹，腹下渐收，平底无釉，附宝珠顶高圆盖。通体以绿色珐琅釉为地，上饰花蝶纹。露胎处镀金。

花蝶纹，蝴蝶的“蝴”字通“福”音，花枝间飞满蝴蝶的图案，蕴含福气到来的寓意。

掐丝珐琅双龙戏珠纹高足罐

中华民国

铜胎

口径6.8厘米、高28.8厘米

敛口，深腹，高足。器表通体以黑色珐琅釉为地，腹部饰祥云纹、海水双龙戏珠纹；高足部饰蔓草花卉纹。宝珠顶平盖，内施珐琅釉。露胎处镀金。

掐丝珐琅花卉纹印泥盒

中华民国

铜胎

口径5.85厘米、高3.8厘米

圆形，平底，圈足。器表通体施黑色珐琅釉为地，饰蔓草花卉纹。盒底施蓝色珐琅釉。露胎处镀金，现大部分脱落。

掐丝珐琅鱼鳞纹洗

中华民国

铜胎

口径17.1厘米、高6.6厘米

敛口，宽肩，鼓腹，圈足。通体施湖绿色珐琅釉为地，口沿下饰一周如意云纹，内外壁皆以鱼鳞纹装饰。露胎处镀金。

掐丝珐琅花鸟纹高足炉

中华民国

铜胎

口径11.2厘米、底径13.8厘米、高24.4厘米

撇口，束颈，溜肩，高足。通体施浅绿色珐琅釉为地，饰彩色花卉纹。腹部附双蝠耳，两开光内饰白地蓝色花鸟纹。三兽形足下承圆形柱足。炉盖缺失，底有款“德兴成造”。

德兴成，清末至民国期间，专营掐丝珐琅的私人商号和店堂，是当时北京最有名气的商号之一。德兴成所制产品以陈设器为主，其底部均刻有“德兴成造”铭款。

錾胎珐琅蟠龙瑞兽纹高足熏炉

中华民国

铜胎

口径23.9厘米、腹径27.2厘米、底径14.4厘米、高40.7厘米

豆形，盖镂空，附双蟠龙纽。炉身双立耳，錾刻蟠龙、麒麟、花果、云纹，内填彩色珐琅。

掐丝珐琅缠枝莲纹三足炉

中华民国

铜胎

口径9.4厘米、高7.7厘米

圆形，双耳，三足。器表施蓝色珐琅釉为地，腹部饰缠枝莲纹，外底饰祥云纹及两面交叉的五色旗。口沿、耳、足皆为竹节形，素胎镀金。胎体较为厚重。

重生

民国战乱，珐琅工艺几近失传。中华人民共和国成立后，古老的珐琅工艺迎来了春天，得以重生与发展，涌现出了许多珐琅工艺的新技术，釉料、施釉技巧以及装饰纹样等都有了创新，绽放出新的生命力。2006年景泰蓝入选首批国家级非物质文化遗产名录，成为中国珐琅艺术的杰出工艺代表。

林徽因·抢救恢复

1951年清华美院营建系成立工艺美术抢救小组，林徽因亲自带队抢救濒临灭绝的景泰蓝工艺。

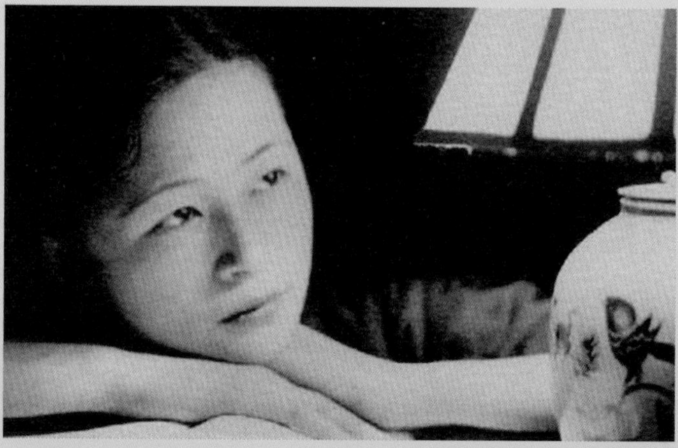

钱美华·传承发展

1951年加入林徽因成立的工艺美术抢救小组，1953年于清华大学毕业后被分配到北京市特种工艺公司任研究员，1955年遵循恩师林徽因临终嘱托『景泰蓝是国宝，不要在新中国失传』，成为新中国景泰蓝第一人。

掐丝珐琅秧歌舞圆盘

当代

铜胎

口径15.8厘米

圆形。盘心为绿地秧歌舞图，边缘蓝地饰鱼鳞纹、绿地如意云纹等；背面绿地，外壁饰花卉纹。

掐丝珐琅腰鼓舞圆盘

当代／铜胎

口径15.8厘米

圆形。通体施绿釉为地，盘心饰双人腰鼓舞图，内壁饰五角星纹饰。

一件以绛红色为地，一件以浅绿色为地，均饰如意云纹、蕉叶纹、勾莲纹等，腹部三面开光，内饰北京名胜，分别为天坛、北海和前门。

掐丝珐琅北京名胜瓶

当代 / 铜胎

口径6.3厘米、腹径10厘米、高18.4厘米

掐丝珐琅和平鸽将军罐

1953年

铜胎

口径17.2厘米、腹径26.7厘米、底径18.7厘米、高36.5厘米

直口，短颈，丰肩，腹下渐收，平底，附宝珠顶高圆盖。通体施红色珐琅釉为地，腹部三个花形开光，内饰两只展翅飞翔的和平鸽及花卉等。外底施蓝色珐琅釉为地，上书红色款“北京市特种工艺公司实验工厂制造一九五三年”。

掐丝珐琅夔龙纹罐

当代

铜胎

口径7厘米、高9.4厘米

圆口，短颈，斜肩，鼓腹，圈足。颈及下腹施宝蓝色珐琅釉，肩及上腹饰白地黄边黑色夔龙纹，中腹饰绿色回纹，圈足壁施黑色釉。口沿及足沿镀金。

掐丝珐琅花蝶纹盖豆

当代

铜胎

口径15.5厘米、腹径15.5厘米、底径11.7厘米、高18.5厘米

仿青铜豆造型，双环耳，有盖。器表通体施浅绿色珐琅釉为地，饰花蝶纹、联珠纹、如意云纹。器内施宝蓝色珐琅釉。口沿、足沿及双环耳镀金。

掐丝珐琅牡丹纹高足盘

当代

铜胎

口径28.2厘米、底径15.8厘米、高15厘米

圆形。器表通体黄色祥云锦地纹，盘内饰牡丹纹，足部饰花蝶纹。器底施蓝色珐琅釉。口及足沿处镀金。

画珐琅开光花卉纹酒具

当代

铜胎

壶腹径7.7厘米、高23.8厘米；

杯口径4.8厘米、高4.1厘米；

盏托口径13.8厘米、高1.9厘米

此套酒具由盏、托盘和执壶组成。盏两侧饰镀金螭耳。盘为菱花式口，中心凸起。壶盖上镶珠，与龙形执柄以镀金的活环链相连，流和柄以镀金的横梁与器身固定，盖与柄之间有活环链相连。通体以宝蓝色珐琅釉为地，腹部有花形白釉开光，彩绘菊花、梅花、月季等各色花卉纹。

珐琅器的制作集绘画、冶金、铸造、雕錾、锤胎、窑业、镀金等多种工艺为一体，制作十分繁复，体现了中国珐琅工匠的智慧与高超技艺。珐琅工艺以掐丝珐琅和画珐琅为主要品种。

掐丝珐琅的制作

掐丝珐琅的制作工具[1]

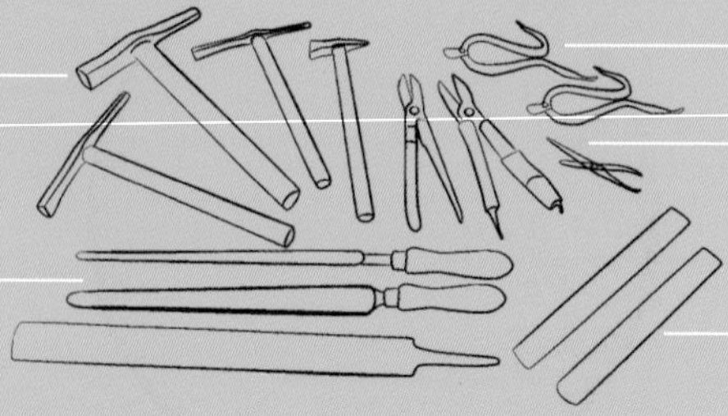

1. 制胎工具

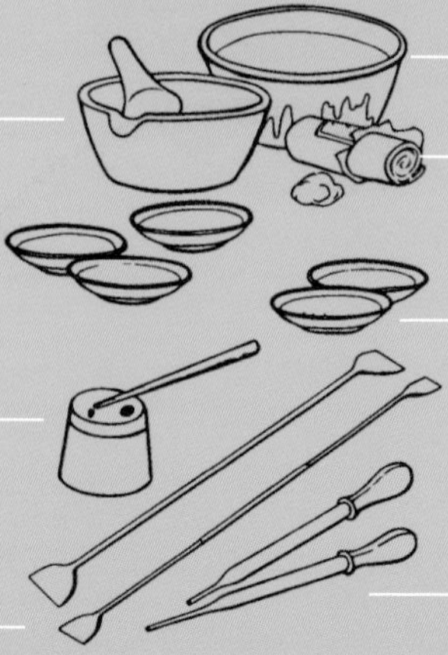

3. 点蓝工具

1　仅展示部分主要制作工具。图片来源：唐克美，李苍彦主编《中国传统工艺全集 · 金银细金工艺和景泰蓝》，大象出版社，2004年版，第295~297页。

2. 掐丝工具

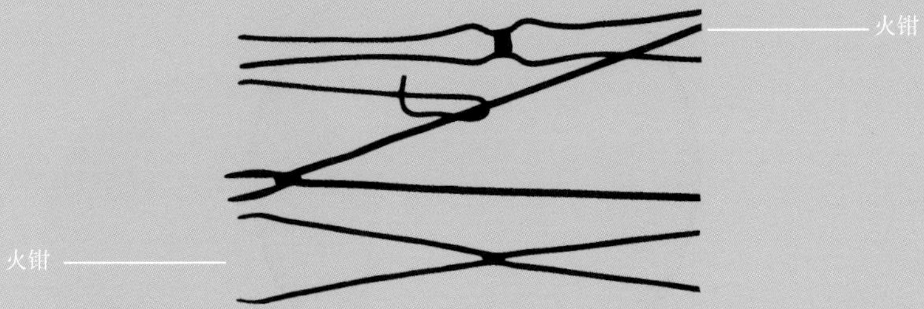

4. 烧丝工具

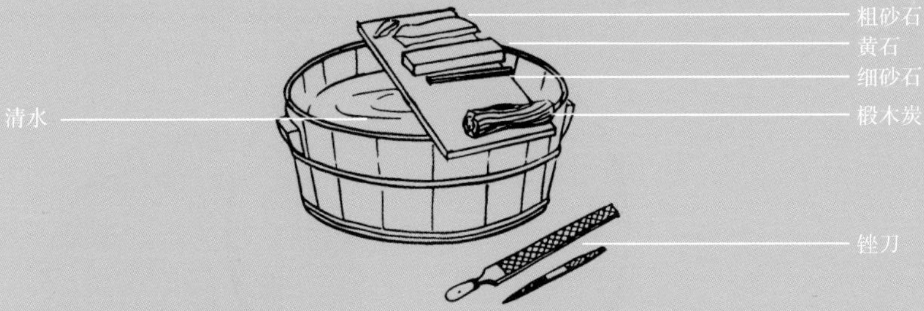

5. 磨活工具
（平面活）

掐丝珐琅的制作工序

掐丝珐琅器的制作大概要经过大大小小108道手工工序，其中主要有6道工序。

1. 制胎

按照设计的器型尺寸，以紫铜板为料，经剪裁、捶打、压等工序制成所需胎体。

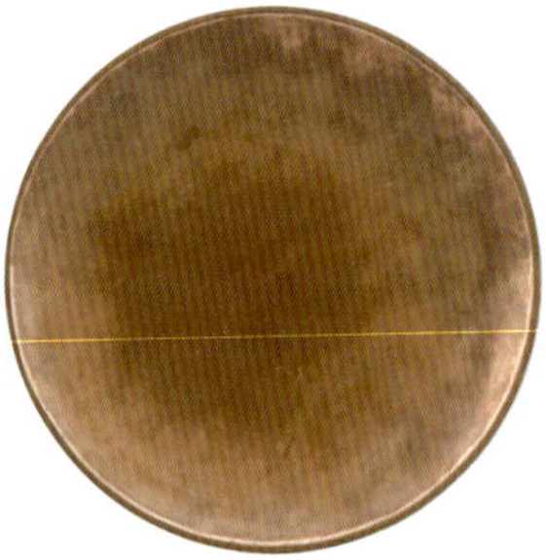

2. 掐丝

将扁铜丝按照墨样花纹弯曲转折，用白芨把掐好的铜丝图案粘在铜胎上，进行烧焊，使铜丝和铜胎牢结。焊接后入稀硫酸液中浸泡，清水洗净胎上杂质。

3. 点蓝

根据装饰花纹的色彩要求，将各色珐琅釉料填在花纹轮廓里，先点地后点花，最后一次点蓝完成后加上亮白。

4. 烧蓝

点蓝后入炉烧制，使珐琅釉料熔化凝结在铜胎和花丝上。点一次烧一次，至少三点三烧。

5. 磨光

用粗砂石、细砂石等逐次打磨，使蓝料和铜丝平整。

6. 镀金

为了增加光泽并避免生锈，最后进行镀金，使其呈现金碧辉煌的色彩。

画珐琅的制作

画珐琅之画活工具[2]

笔洗

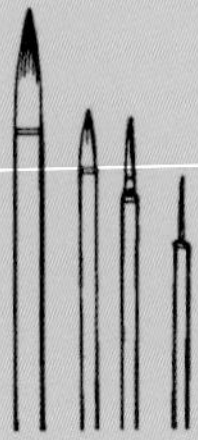

料笔

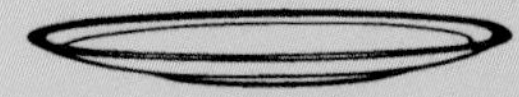

白瓷调色盘（画碟）

丝绸包

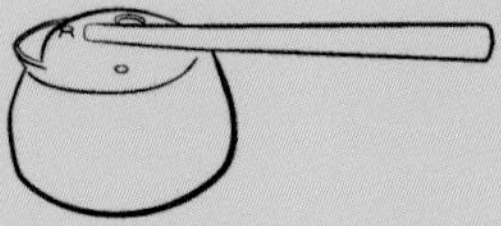

喷枪

乳钵

2　图片来源：唐克美，李苍彦主编《中国传统工艺全集 · 金银细金工艺和景泰蓝》，大象出版社，2004年版，第323、324页。用时略有改动。

画珐琅之画活工序

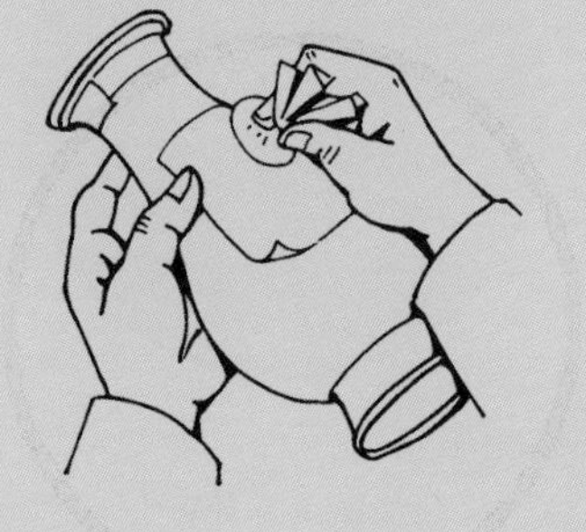

1. 过稿

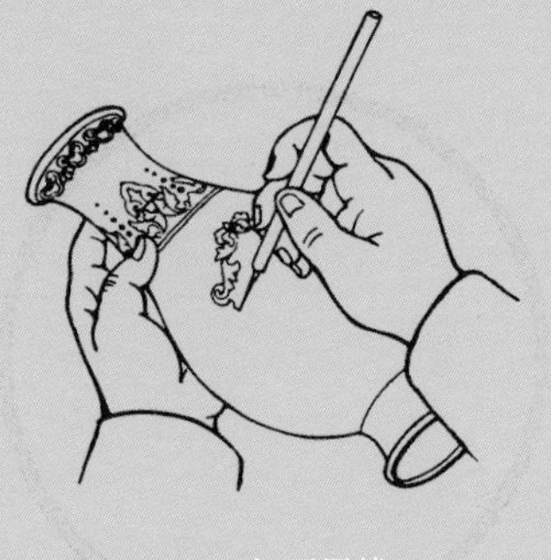

2. 勾画墨线

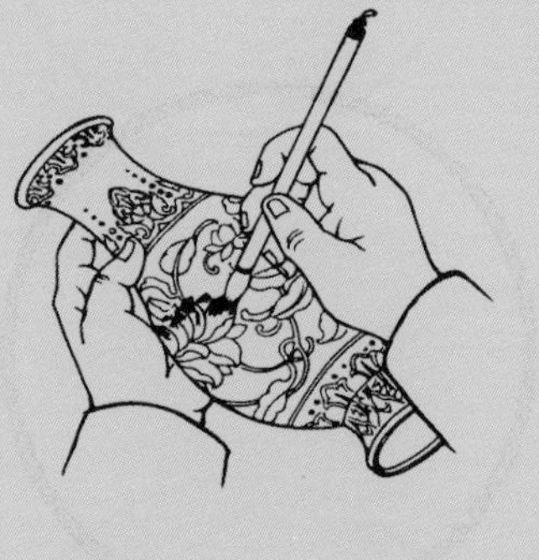

3. 上色

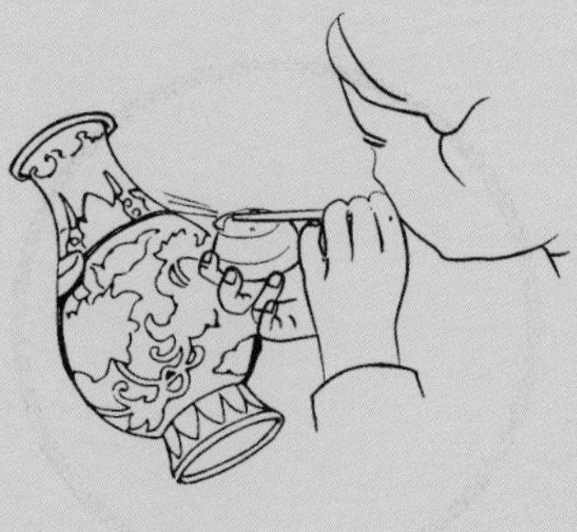

4. 喷地

画珐琅的制作工序

1. 制胎

以铜板制出所需器形。

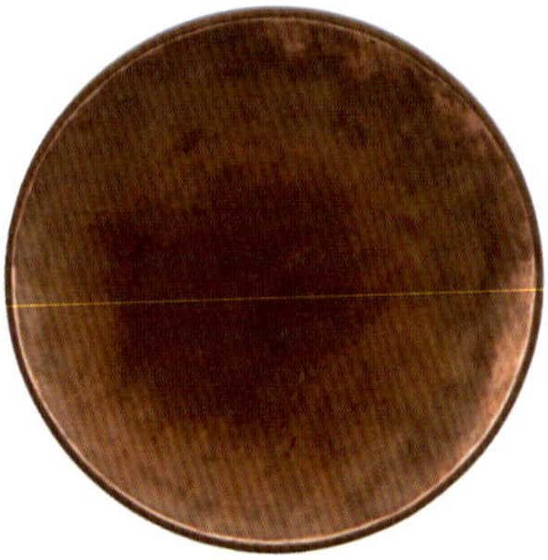

2. 挂釉

在已制成的铜胎上涂施一层白色珐琅釉，并入窑烧结。

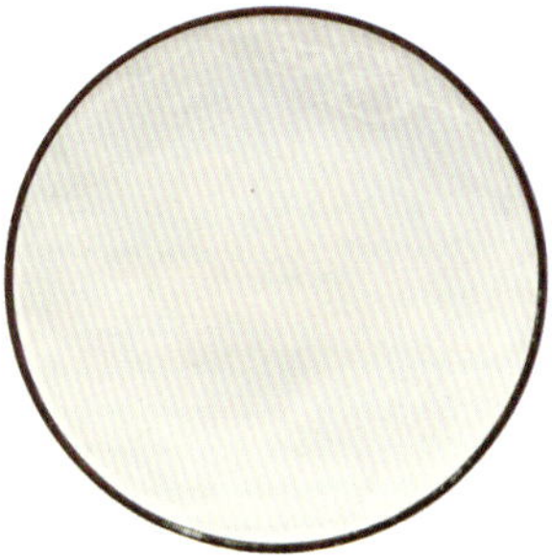

3. 画活

用单色或多色珐琅釉料，按图稿描绘装饰图案。

4. 烧彩

不同颜色的珐琅釉料熔点不同，按照从高温到低温的顺序上釉，每同一个熔点的釉料上完就得烧一次，需要多次入窑烧制。

5. 磨光、镀金

打磨器物至表面光滑后，将外露的铜边镀金。

中国传统纹样讲究“有图必有意，有意必吉祥”，珐琅器也不例外，其纹样主要取材于瓷器、服饰、木雕、石刻、漆器等，多带有吉祥的寓意，意味着人们对美好生活的向往和期望，体现了中华民族的审美取向以及文化精神。

随着时代的变迁，珐琅器的釉料和造型在不断变化，但纹样却呈现相对稳定的状态。主要分为两种，一种是主体纹样，另一种是辅助纹样。常见的主体纹样主要有植物纹、瑞兽纹、昆虫纹、动物纹等；辅助纹样主要有锦地纹，如祥云锦、回字锦、鱼鳞锦、“卍”字锦、古钱锦，以及蕉叶纹、冰裂纹等。

缠枝纹

又名“万寿藤”，是以藤蔓卷草经提炼变化而成，寓意生生不息，万代绵长。其中缠枝莲纹是掐丝珐琅最常使用的装饰纹样，几乎被运用于各式器型。

花卉纹

珐琅器上花卉纹随处可见，不同种类的花象征不同的意义，如牡丹是富贵花，象征繁荣昌盛、美好幸福；菊花是长寿花，寓意长寿吉祥；梅开五瓣，象征福禄寿喜财，且梅能于老干发新枝，又能御寒开花，象征不老不衰。

花蝶纹

蝴蝶的“蝴”字通“福”音，花枝间飞满蝴蝶的图案，蕴含福气到来的寓意。

桃蝠纹

桃俗称仙桃、寿桃，凡祝寿离不开桃；蝠，谐音福，福气的意思。多只蝙蝠与桃形成的图纹表示多福多寿、福寿双全，属于动物与植物组合的传统纹样。

龙纹

龙是神话传说中的瑞兽，中华民族的图腾。龙纹深受统治者的喜爱，是权力的象征；龙纹是人们的精神寄托，是吉祥如意、驱邪避灾的象征。不同朝代，不同时期，龙纹的嘴、鼻、眉、发、爪等都有所不同。

凤纹

凤是凤凰的简称，由古代鸟图腾崇拜演变而来。雄的称凤，雌的称凰。凤凰被称为百鸟之王，象征美好与和平，是美丽、吉祥的象征。

葫芦纹

葫芦是多子植物，表达子嗣昌盛、千秋万代的吉祥寓意。其本身体态优美，纹饰上经常使用。明清时期，珐琅器上的葫芦纹多与葫芦瓶等器形相结合出现。

祥云纹

云的形象有抽象的几何图形，也有生动形象的自然图形，皆取托瑞于天之意，表达古人对自然的崇拜敬畏之情。如祥云锦、如意云纹等，象征高升、如意。

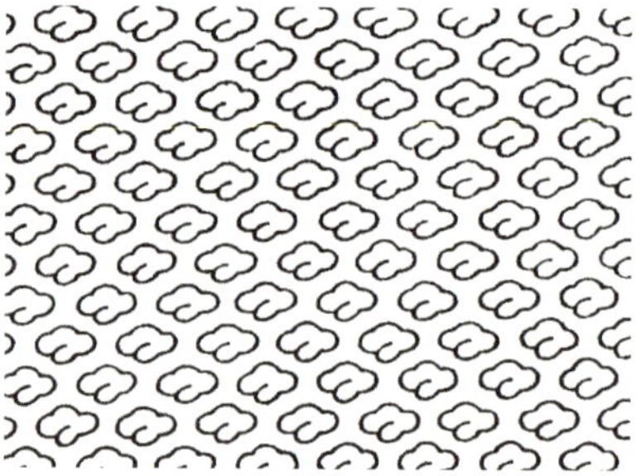

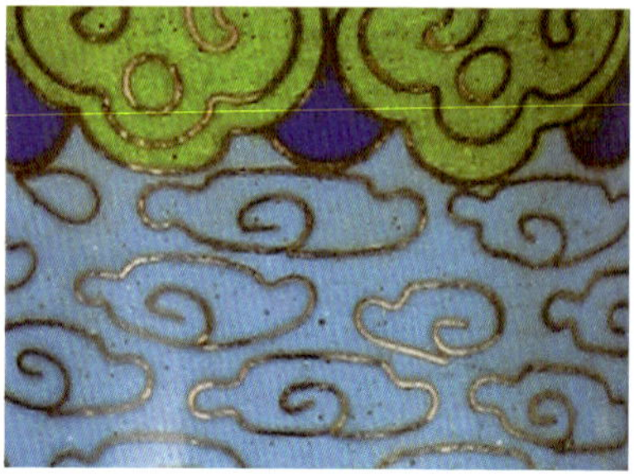

蕉叶纹

以芭蕉叶组成的带状纹样。蕉叶纹在元、明、清时期颇为盛行，多装饰在瓶、罐、尊等器物颈部或近底部，有大业有成、吉祥同心、起死回生等美好寓意。

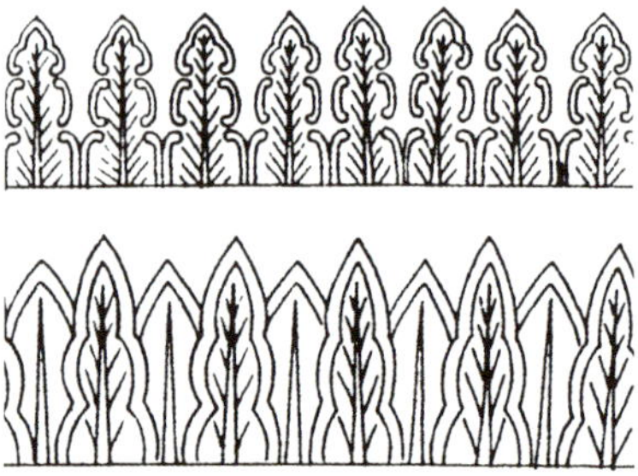

鱼鳞纹

又称“鱼鳞锦”，像鱼鳞一样，一片一片叠加形成的纹样。“鱼”谐音“余”，寓意生活美好富足。明清珐琅器上的鱼鳞纹多用于表现禽类的羽毛及瑞兽的鳞片。

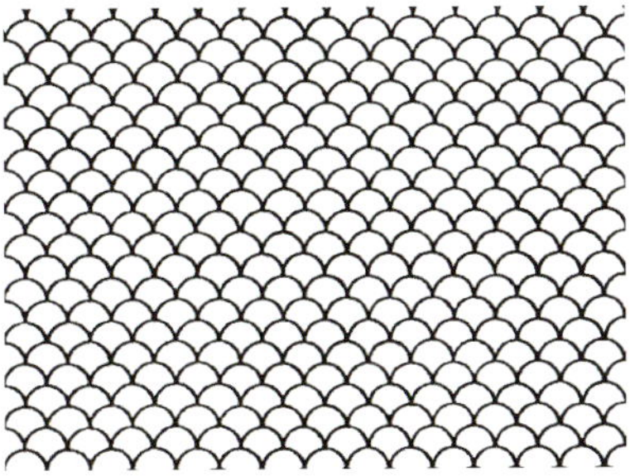

冰裂纹

瓷器中叫“开片”，仿宋官窑冰裂片纹，是由数条短线组成的不规则几何图案。冰裂纹与梅花组合出现，称为“冰梅纹”，寓意高洁美好。

回字纹

也称“回纹锦”“回纹”，由古代陶器和青铜器上的雷纹衍化而来，因线段来回折绕成环状，形似汉字“回”，故名。寓意富贵不断、好事绵长。

卍字纹

又称“万寿锦”，以“卍”字为中心，四端向外延伸演化而成的连锁花纹，寓意绵长不断和万福万寿不断头。

古钱纹

又称“古钱锦”，成串圆圈两两相交套合，因其纹样外观酷似古钱而得名，寓意财源滚滚，衣食无忧。

结语

珐琅工艺源于异域，却成长在中国，闪耀着东西方文明交会与融合的光辉。

昔日，珐琅器是权力与地位的象征。

如今，它已走向民间，成为非物质文化遗产。

珐琅器工艺发展的每一阶段，都有着鲜明的时代印记。一路走来，离不开伟大的中国工匠，是他们用辛勤的汗水和聪明的智慧，不断赋予珐琅工艺新鲜的血液和灵魂。

珐琅器是金属、珐琅与火三者结合的艺术，犹如凤凰涅槃，在烈火中实现一次又一次的重生。因此，时光会逝去，但珐琅器烁金繁花间的美，却永不磨灭。

参·考·文·献

[1] ［明］曹昭著，杨春俏编著. 格古要论[M]. 北京：中华书局，2012.

[2] ［明］王佐撰. 新增格古要论[M]. 杭州：浙江人民美术出版社，2019.

[3] 路甬祥总主编；唐克美，李苍彦主编. 中国传统工艺全集 金银细金工艺和景泰蓝[M]. 郑州：大象出版社，2004.

[4] 杨伯达主编. 中国金银玻璃珐琅器全集编辑委员会编. 中国金银玻璃珐琅器全集5–6 珐琅器1–2[M]. 石家庄：河北美术出版社，2002.

[5] 陈丽华主编. 你应该知道的200件珐琅器[M]. 北京：紫禁城出版社，2008.

[6] 胡栌文主编. 谜样景泰蓝[M]. 台北：台北故宫博物院，2022.

[7] 沈阳故宫博物院编著. 沈阳故宫博物院院藏文物精粹 珐琅卷[M]. 沈阳：万卷出版公司，2007.

[8] 广东省博物馆编. 臻于至美—— 广珐琅特展[M]. 广州：岭南美术出版社，2020.

[9] 故宫博物院编. 故宫珐琅图典[M]. 北京：紫禁城出版社, 2011.

[10] 李强编著. 中国明清景泰珐琅赏玩[M]. 长沙：湖南美术出版社, 2009.

[11] 故宫博物院编，李久芳主编. 故宫博物院藏文物珍品大系 金属胎珐琅器[M]. 上海：上海科学技术出版社，2002.

[12] 李苍彦，李新民编著. 景泰蓝[M]. 北京：北京美术摄影出版社, 2012.

[13] 铁源主编. 中国古代珐琅器[M]. 北京：华龄出版社, 2005.

[14] 李永兴编著. 珐琅器鉴赏与收藏[M]. 长春：吉林科学技术出版社, 1996.

[15] 朱家溍. 铜掐丝珐琅和铜胎画珐琅[J]. 文物，1960(1).

[16] 杨伯达. 景泰掐丝珐琅的真相[J]. 故宫博物院院刊，1981(2).

[17] 周晓晶. 辽宁省博物馆藏元明清时期掐丝珐琅器赏析[J]. 荣宝斋(艺术品)，2017(3).

[18] 夏更起. 对故宫博物院藏部分掐丝珐琅器时代问题的探讨[J]. 故宫博物院院刊，1992(3).

[19] 安丽哲. 谈清代景泰蓝纹样的种类与文化涵义[J]. 创意设计源，2019(3).

[20] 王金林，李芳. 浅析铸胎掐丝珐琅的造型与纹样[J]. 文物鉴定与鉴赏，2017(1).

展·厅·掠·影

华·彩
辽宁省博物馆藏
珐琅器专题展

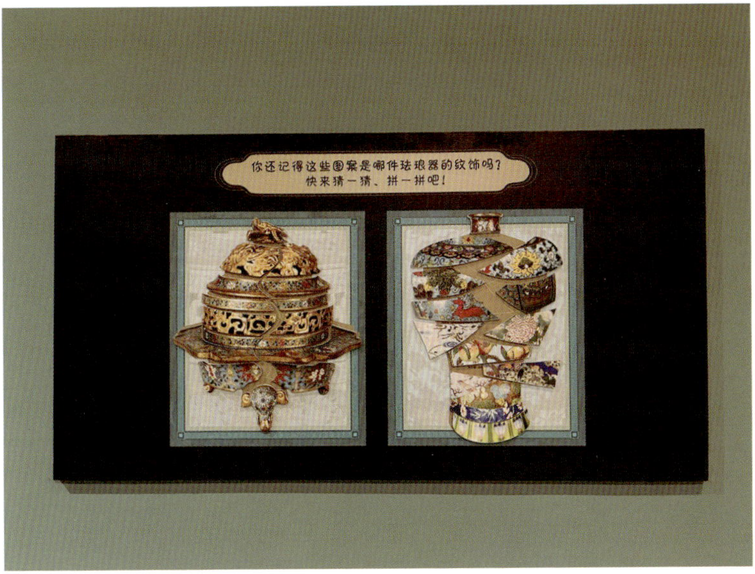
你还记得这些图案是哪件珐琅器的纹饰吗？
快来猜一猜、拼一拼吧！

展览筹备委员会

主　任

王筱雯

副主任

刘　宁　张　力　董宝厚　张桂莲

学术顾问

周晓晶

展览策划

都惜青

展览统筹

么乃亮

内容设计

都惜青

展览协助

李琼璟　马　卉　王忠华

展品保障

李慧净　金炯花　王学雷　郭　萍　王晓亮　戴静影

王雅静　寿玉晶　王晓宁　尹　钰

展品保护

申桂云　刘 博　张金生　何建斌

展览宣传

孟繁宁　杨春媚　何 欣　刘嘉晴

展览信息化

黄晓雷

社会教育

林 利　康 宁　张 莹　樊 荣

安全保卫

李恒清　常守文

后勤保障

谢 华　林学明　王 新

财务联络

刘丕伟

图书在版编目（CIP）数据

华·彩：辽宁省博物馆藏珐琅器 / 辽宁省博物馆编；都惜青主编. — 沈阳：辽宁美术出版社，2023.1

ISBN 978-7-5314-9408-9

Ⅰ. ①华… Ⅱ. ①辽… ②都… Ⅲ. ①金属器物—珐琅—中国—古代—图集 Ⅳ. ①K876.402

中国版本图书馆CIP数据核字(2022)第238192号

出 版 人：彭伟哲

出版发行：辽宁美术出版社

地　　址：沈阳市和平区民族北街29号　邮编：110001

印　　刷：辽宁新华印务有限公司

开　　本：889mm×1194mm　1/32

版　　次：2023年1月第1版　2023年1月第1次印刷

印　　张：9.5

字　　数：100千字

责任编辑：孙郡阳、严　赫

书籍装帧：IDEA.xd、马　欢、何　力

责任校对：郝　刚

责任印制：徐　杰

书　　号：ISBN 978-7-5314-9408-9

定　　价：198.00元

如发现印装质量问题，请与我社出版部联系调换。

出版部电话：024-23835227